ぼくがおおきくなったら

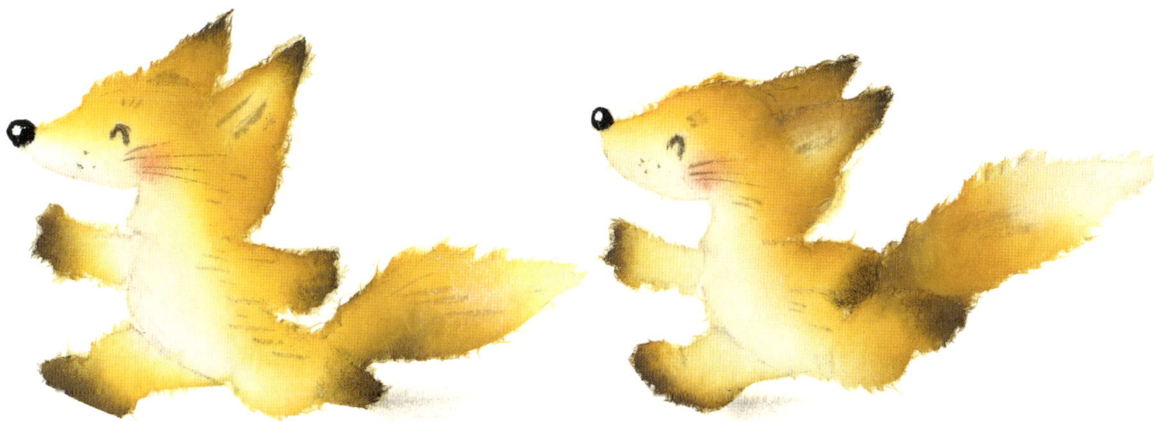

くすのき しげのり 原作　　いもと ようこ 文・絵

もりの　ひろばで　こどもたちが　はなしています。

「ぼくは　おおきくなったら、
　おとうさんのように　りっぱな　つのが　はえるのさ！」

こじかが　いいました。

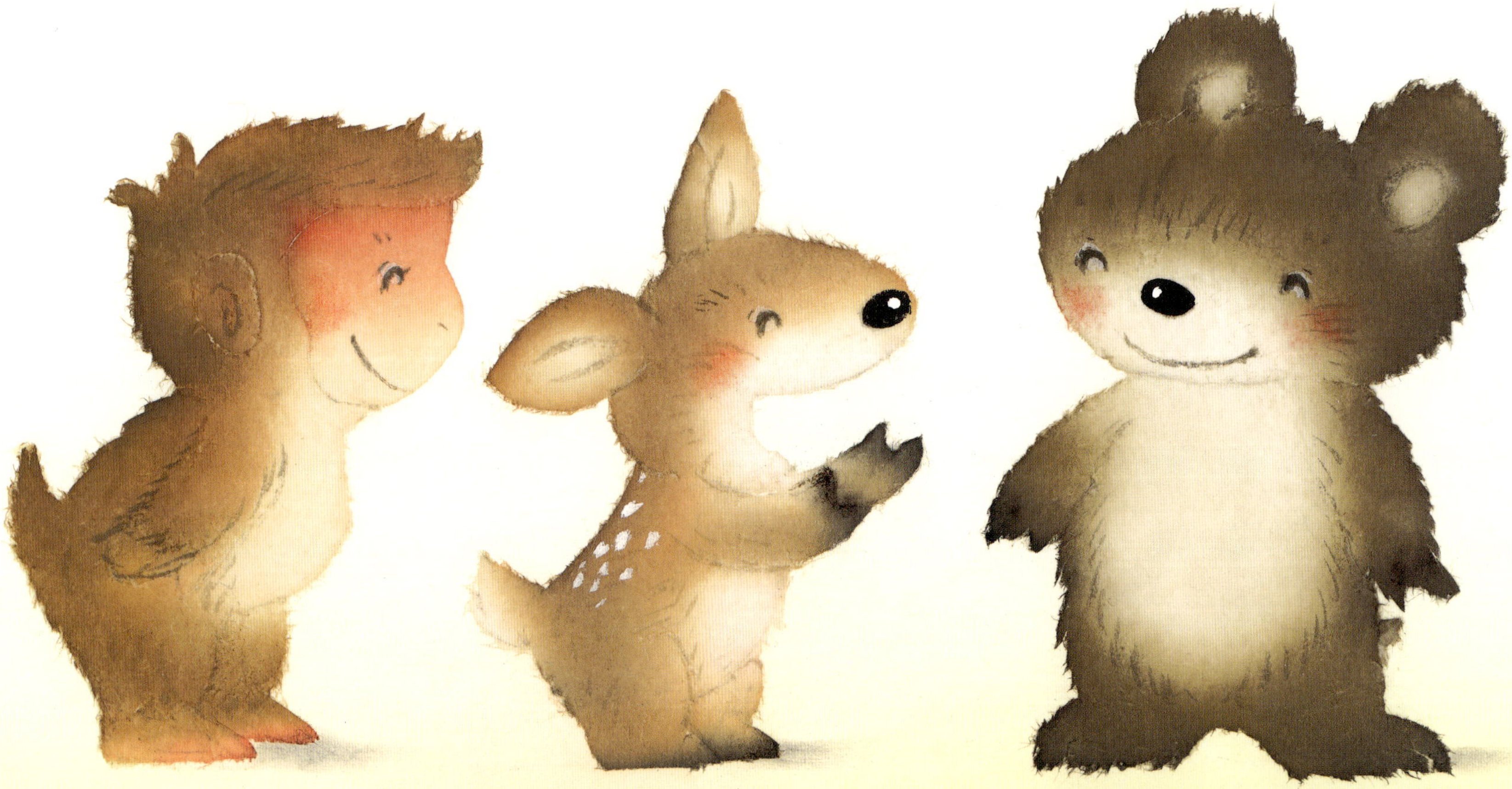

「ぼくの　おじいちゃんも、そのまた　おじいちゃんも、
　ずっと　ずっと　そうだったからね。
　だから　ぼくにも　りっぱな　つのが　はえるのさ！
　りっぱな　つのが　はえたら、
　きっと　みんなが　うらやましがるだろうなあ」

こじかは　うれしそうに　いいました。

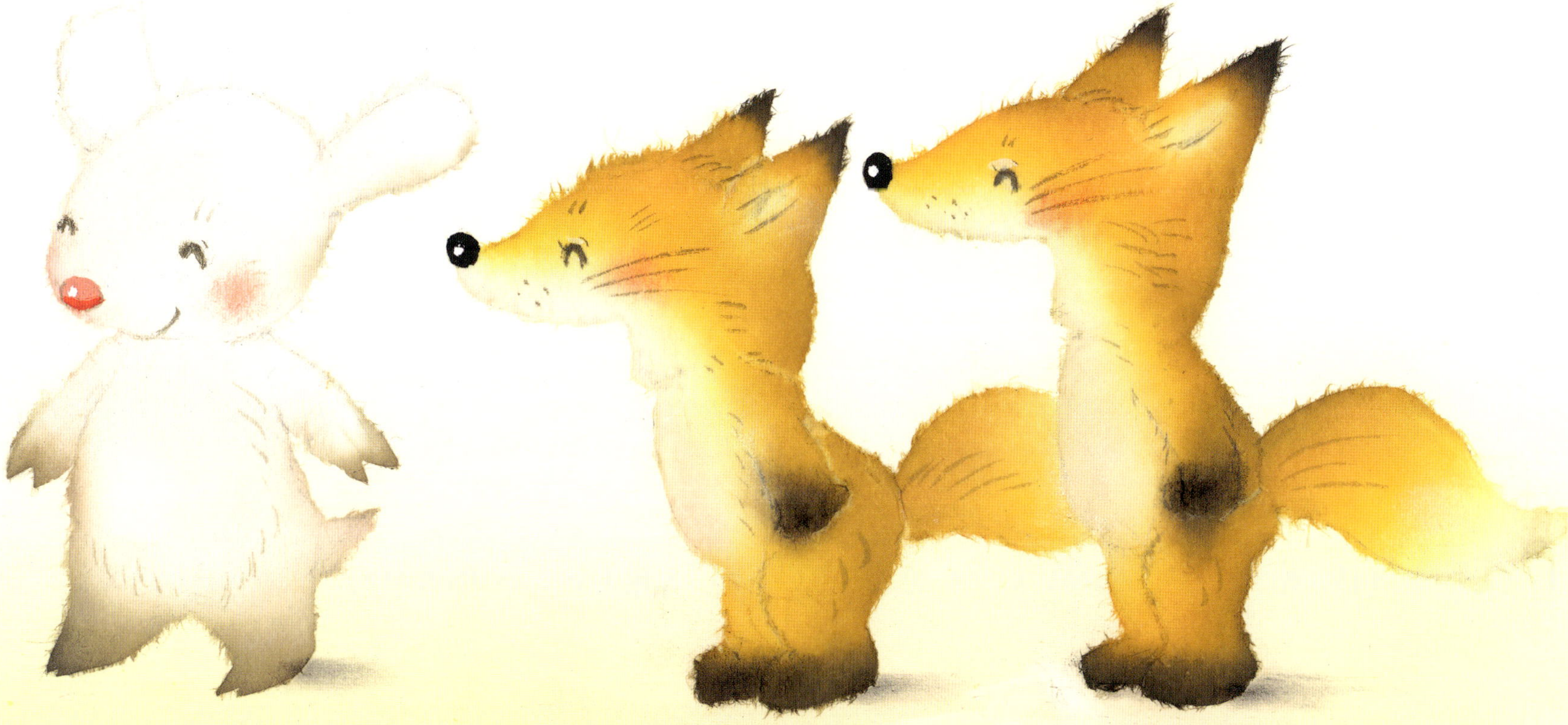

「わたしは　おおきくなったら、
おかあさんのように　いっぱい　おちちを　だすの」

こやぎが　いいました。

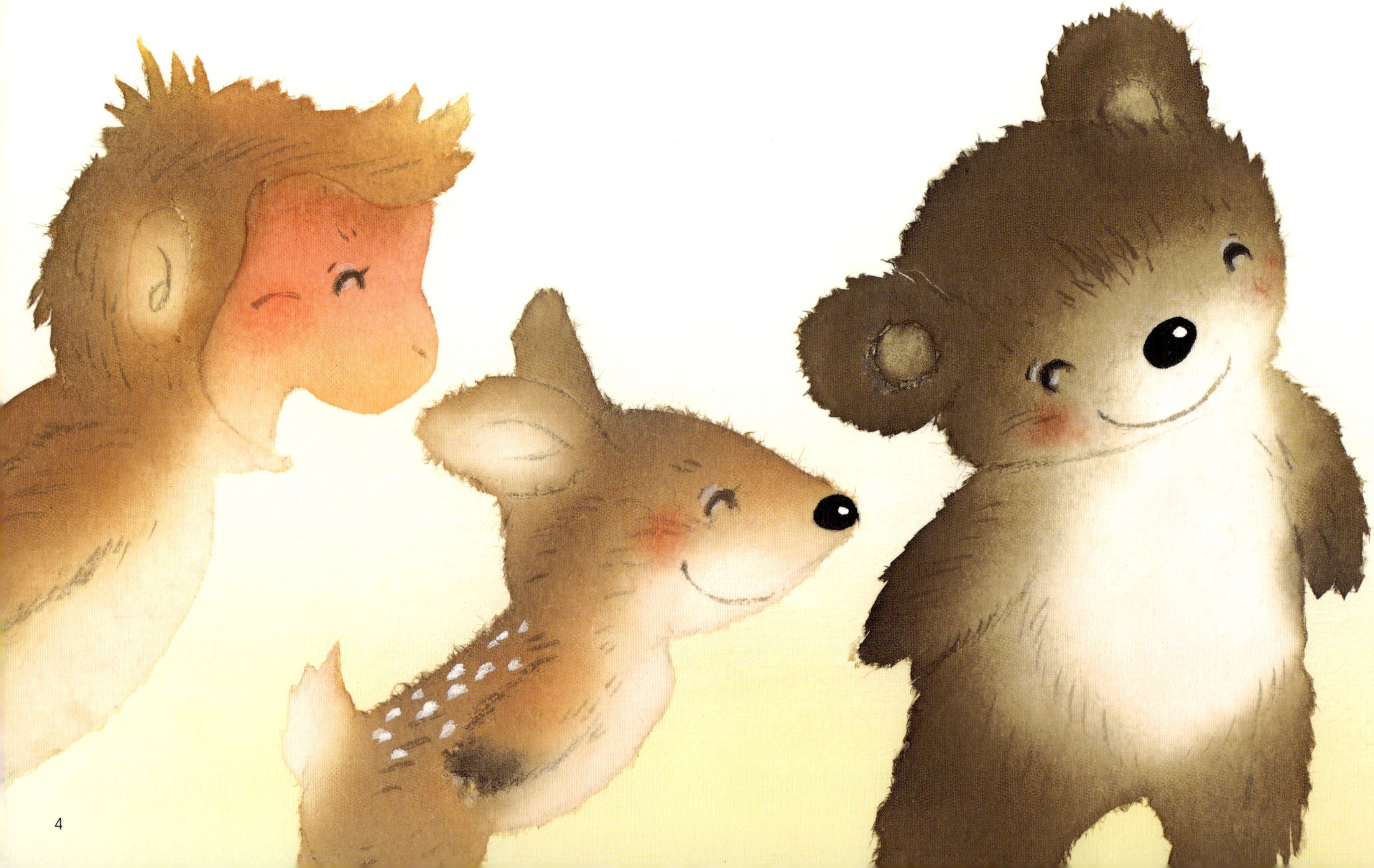

「わたしの　おばあちゃんも、そのまた　おばあちゃんも、
ずっと　ずっと　そうだったのよ。
だから　わたしも　いっぱい　おちちを　だすの。
いっぱい　おちちが　でれば、
きっと　たくさんの　こどもたちを　そだてられるわ」

こやぎは　たのしそうに　いいました。

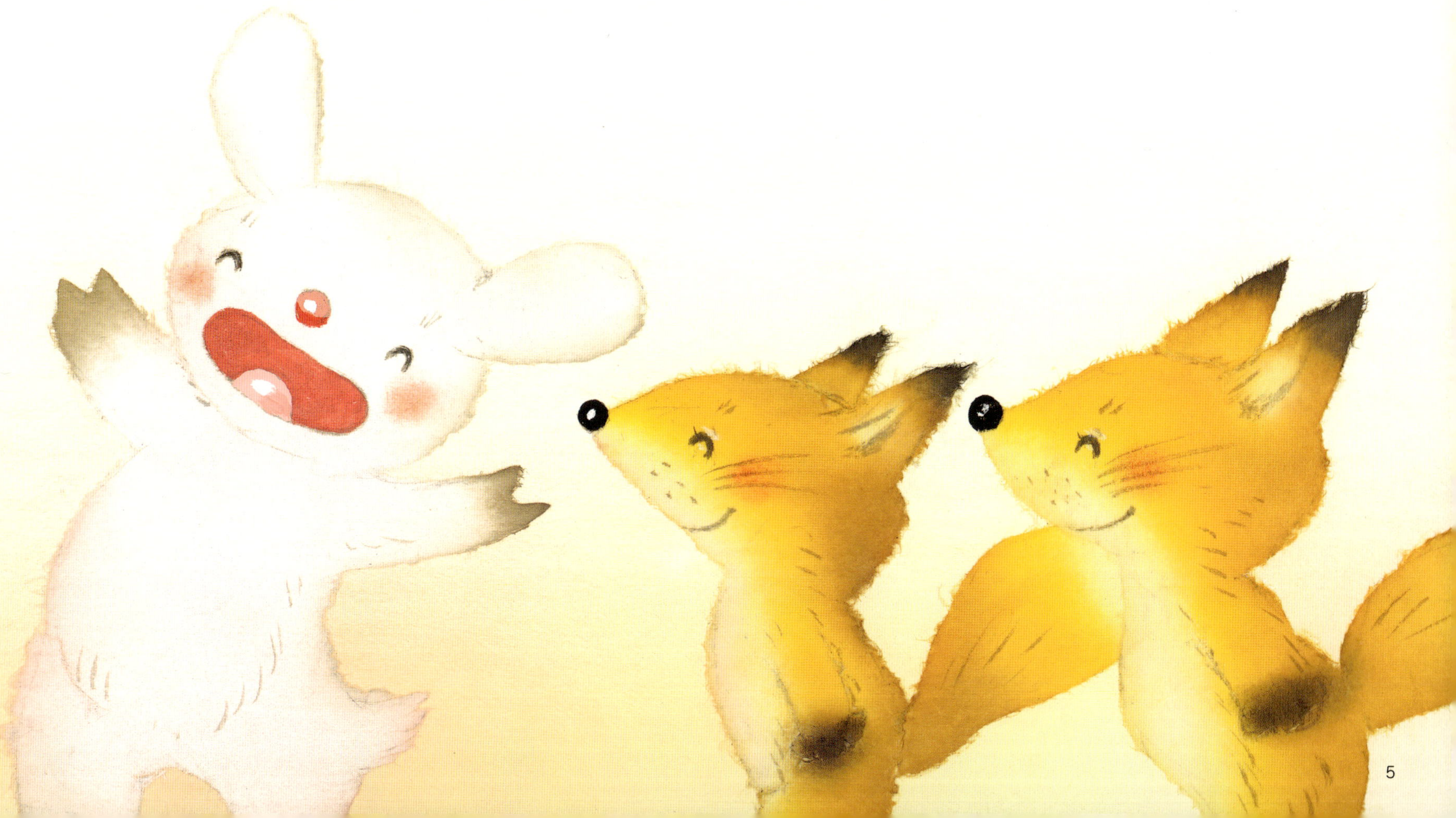

「ぼくは　おおきくなったら、
　おとうさんのように　もりで　いちばん　おおきくなるんだ」

こぐまが　いいました。

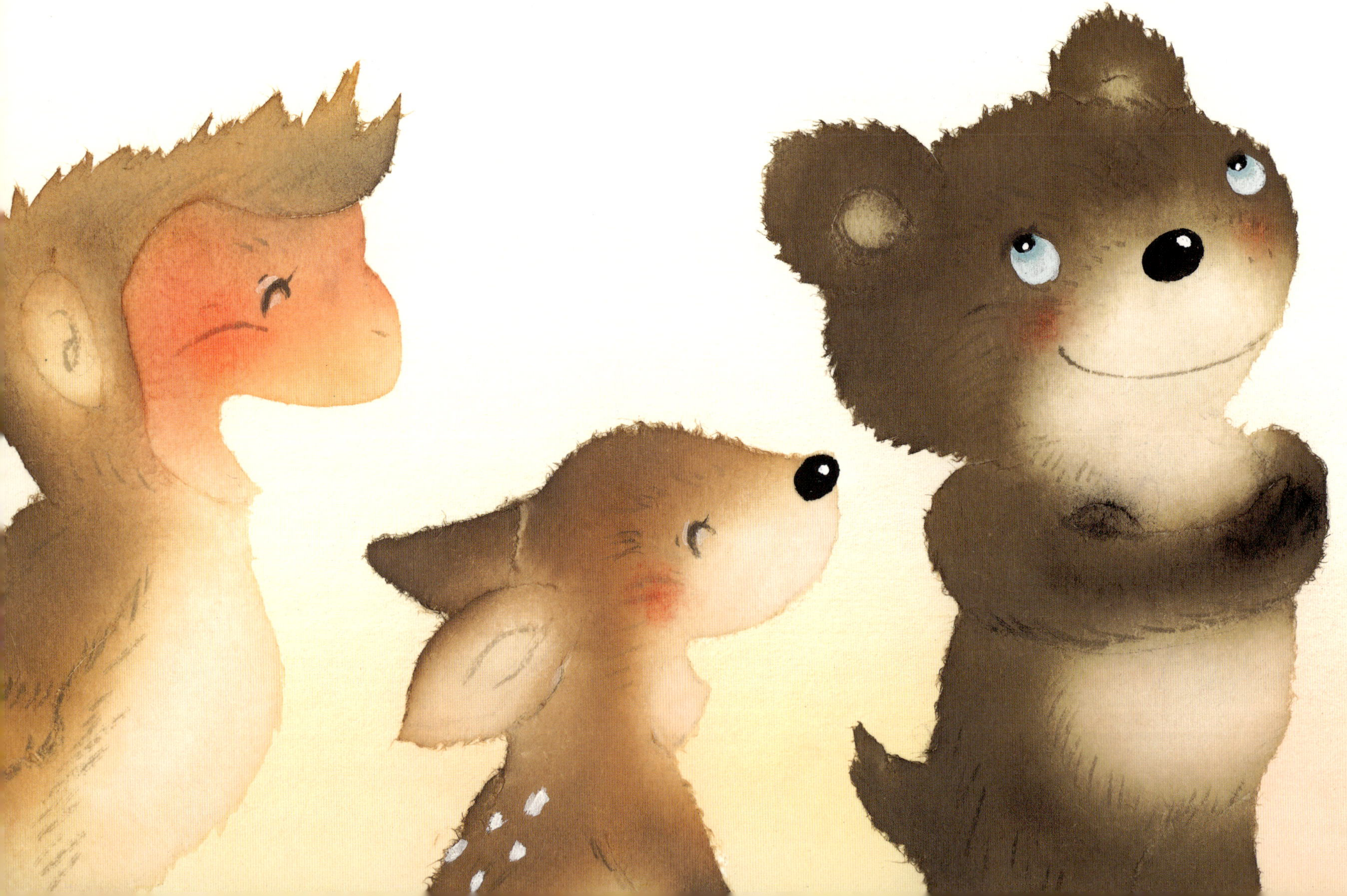

「ぼくの　おじいちゃんも、そのまた　おじいちゃんも、
　ずっと　ずっと　そうだったからね。
　だから　ぼくも　もりで　いちばん　おおきくなるんだ。
　もりで　いちばん　おおきくなったら、
　きっと　みんなから　たよりにされるだろうなあ」

こぐまは　むねを　はって　いいました。

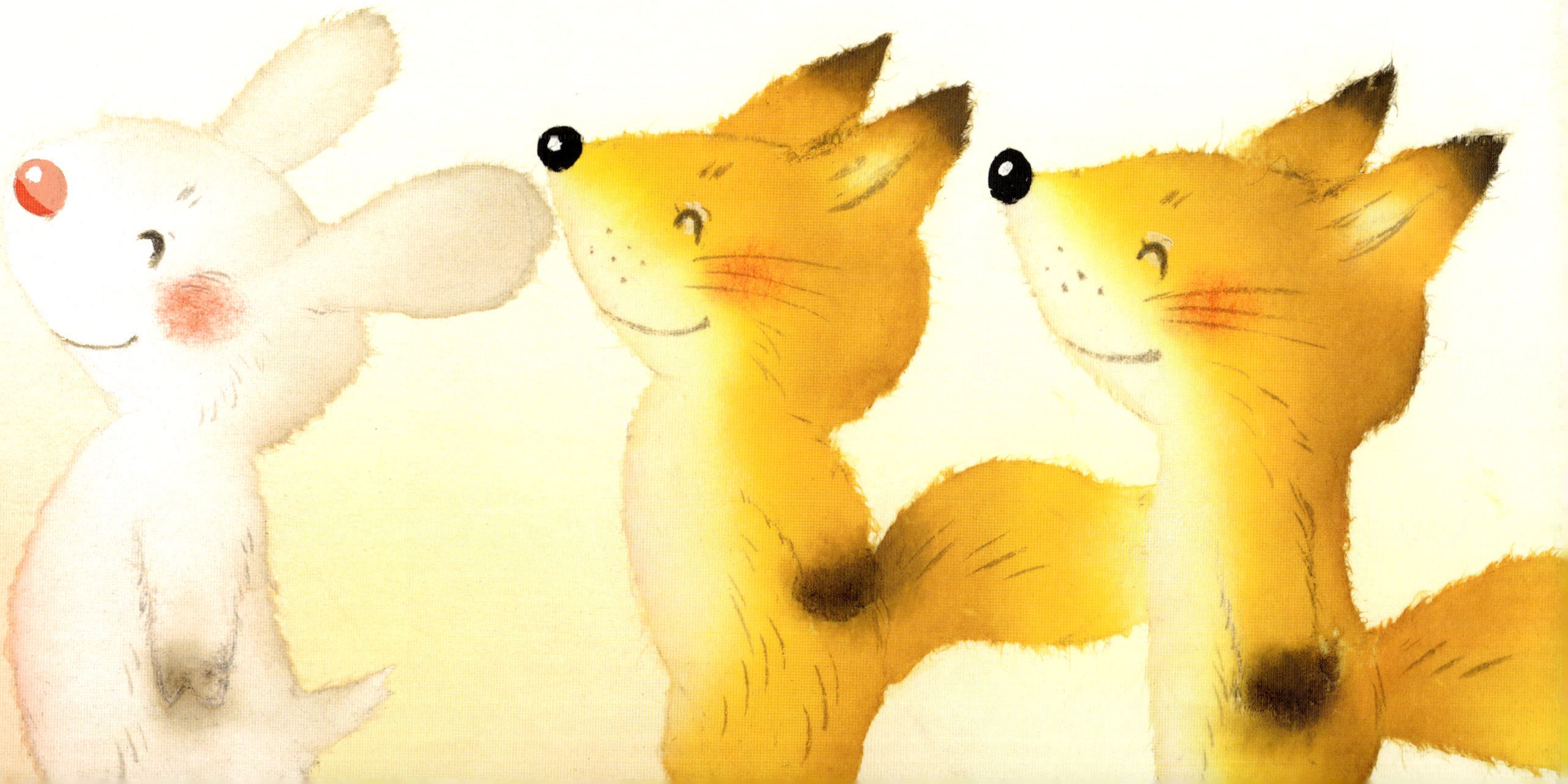

「ぼくは　おおきくなったら、
　おとうさんのように　きのぼりが　じょうずになるよ」

こざるが　いいました。

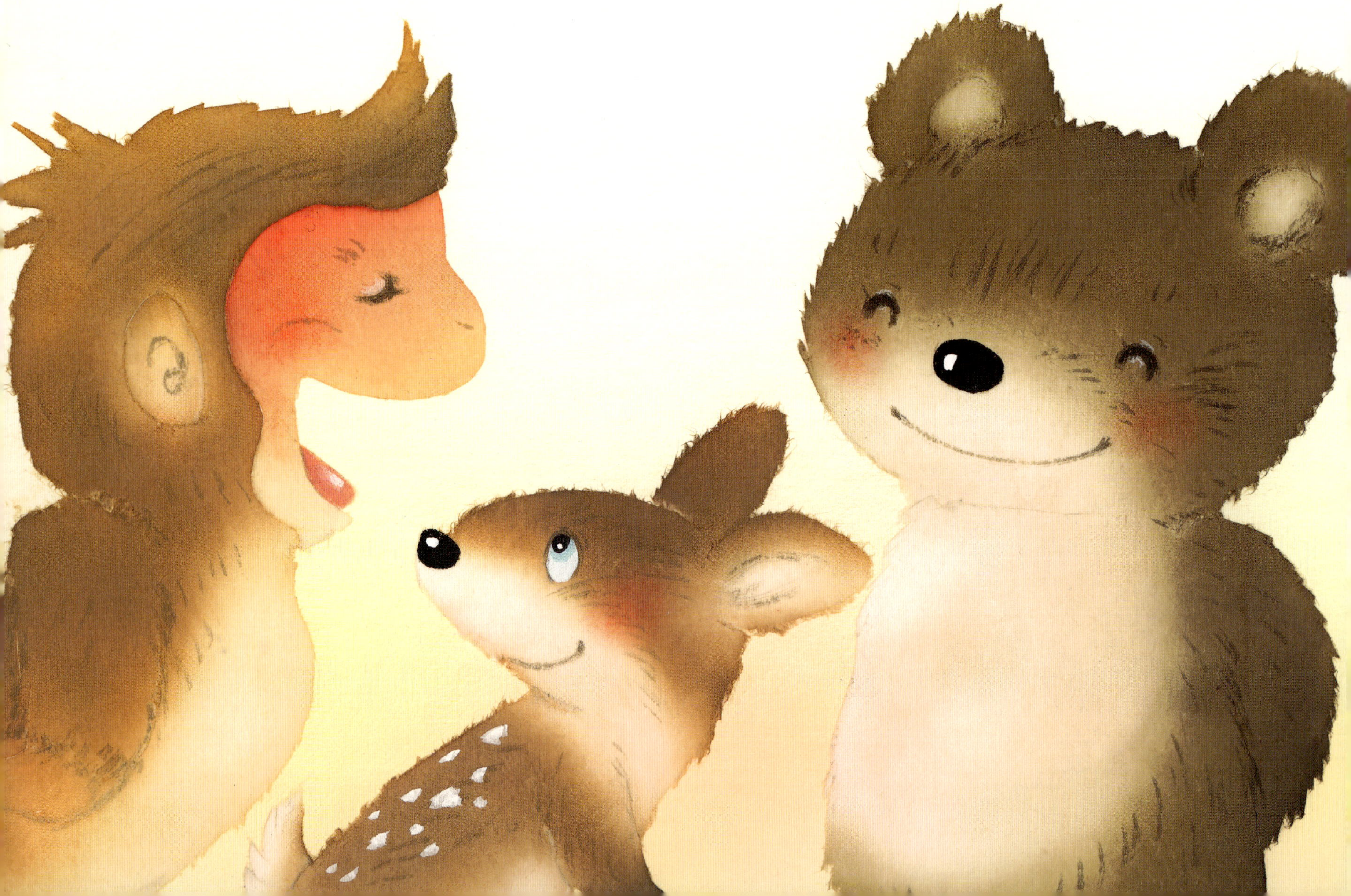

「ぼくの　おじいちゃんも、そのまた　おじいちゃんも、
ずっと　ずっと　そうだったからね。
だから　ぼくも　きのぼりが　じょうずになるんだ。
きのぼりが　じょうずになれば、
きから　きへと　かっこよく　とびうつれるようになるのさ」

こざるが　とくいそうに　いいました。

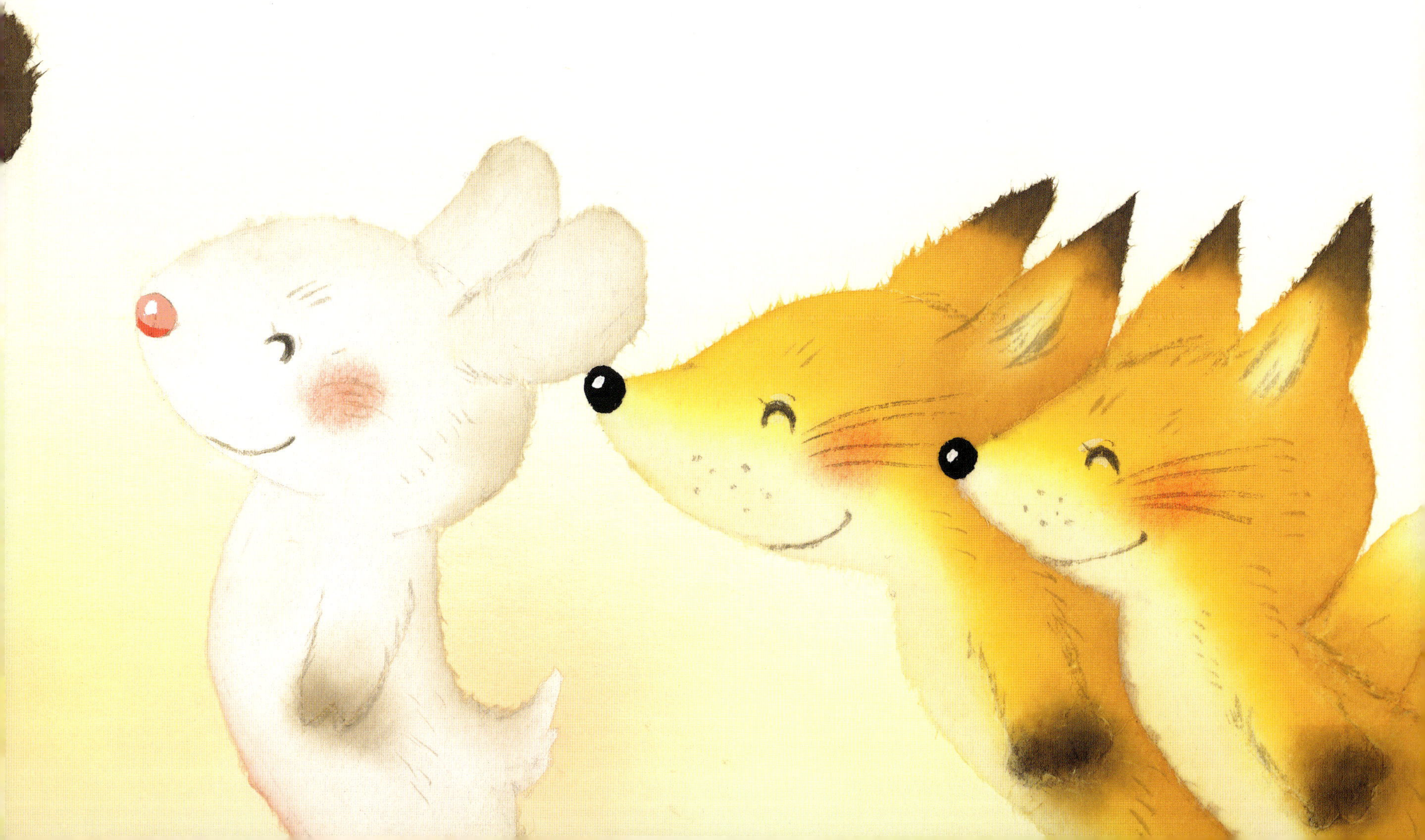

「きつねくんたちは　おおきくなったら、どうなるの？」

みんなは　こえを　そろえて　ききました。

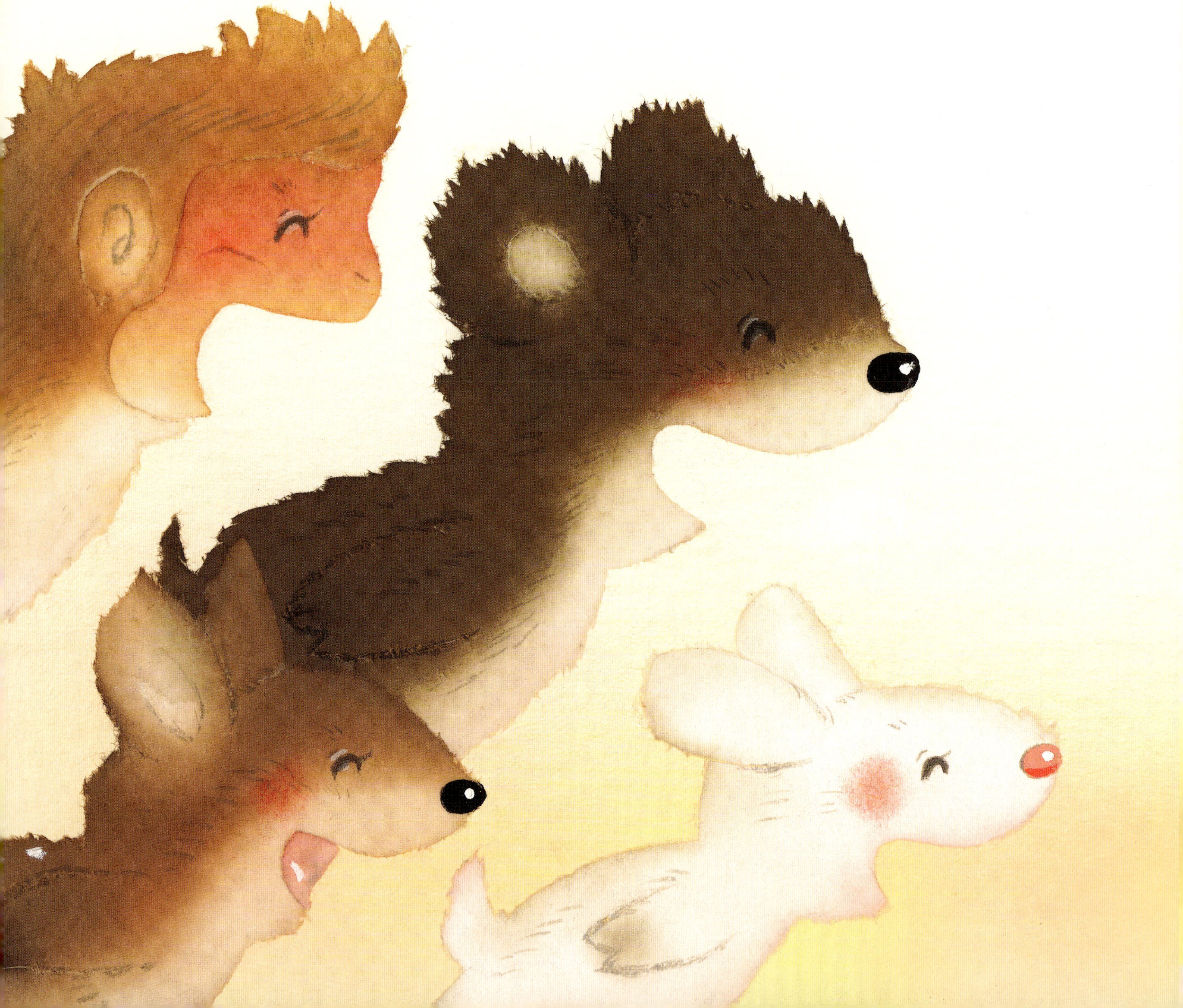

「え〜〜と」

「え〜〜と」

こぎつねたちは　なにも　いえずに　うちに　かえりました。

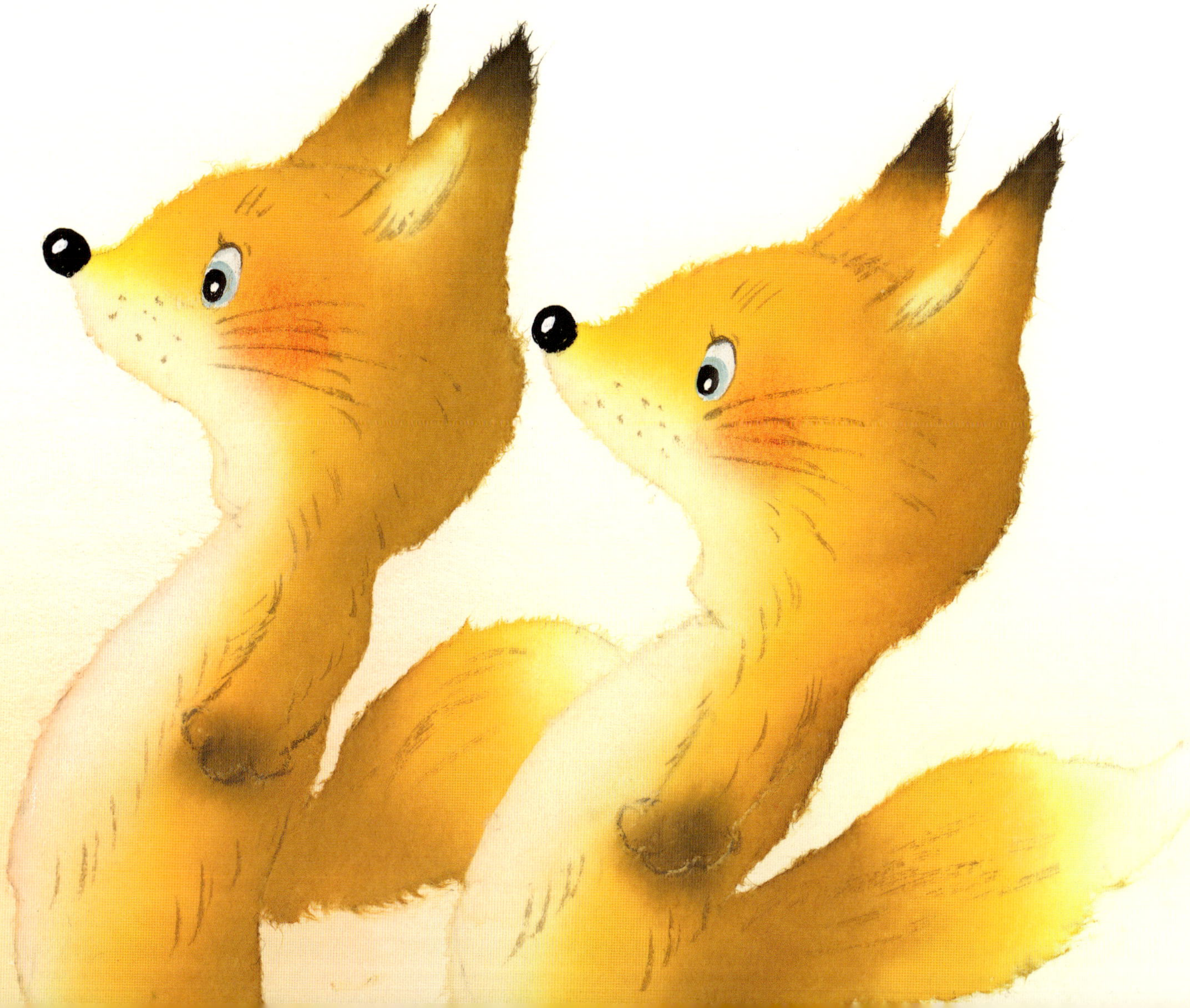

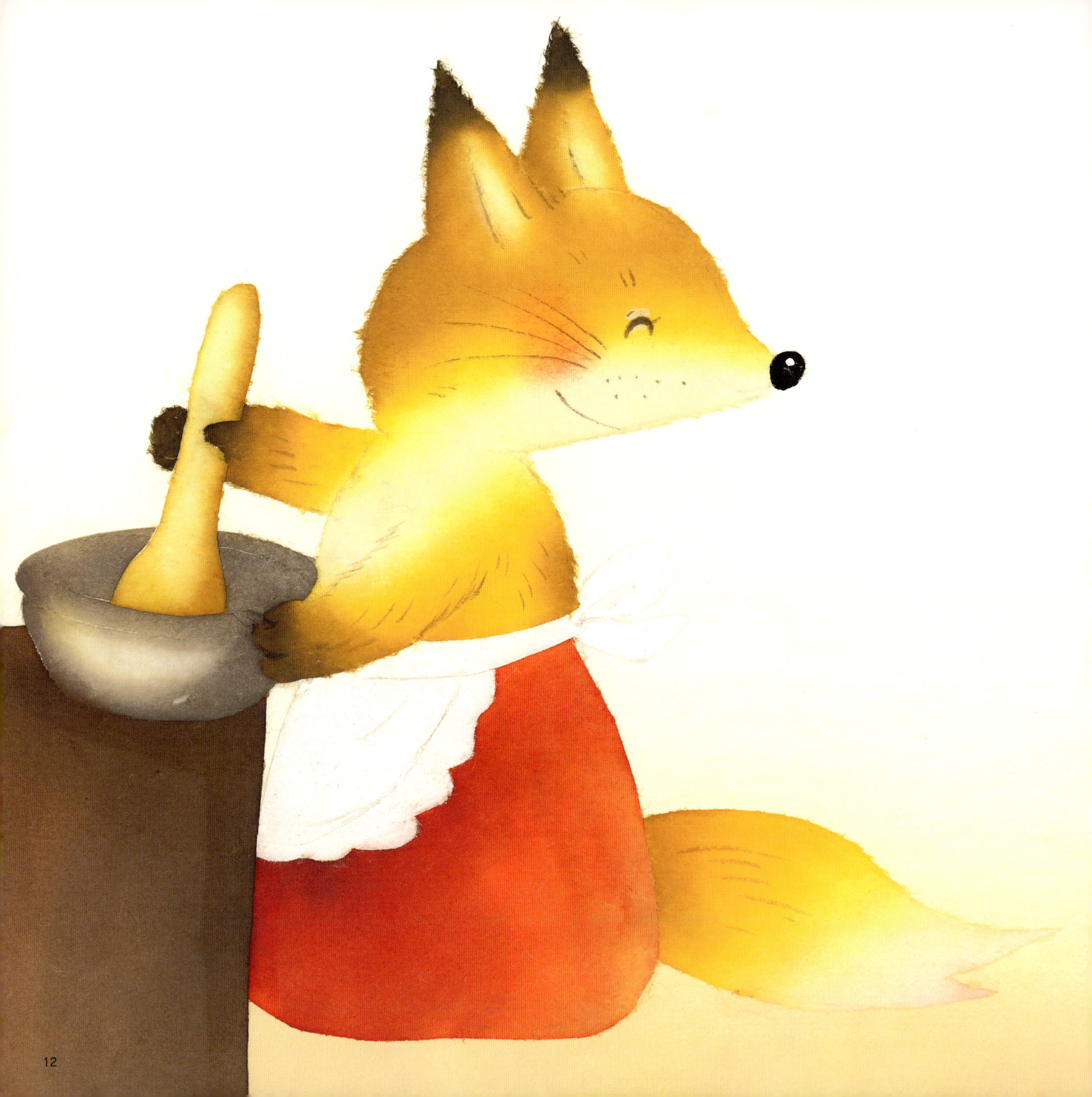

「ねえ！　おかあさん！
ぼくたちは　おおきくなっても、
しかさんのように　りっぱな　つのは　はえないし、
やぎさんのように　いっぱい　おちちは　でないし、
くまさんのように　もりで　いちばん　おおきくは　ならないし、
さるさんのように　きのぼりが　できるようには　ならない。

ねえ、
ぼくたちは　おおきくなったら、
どうなるの？」

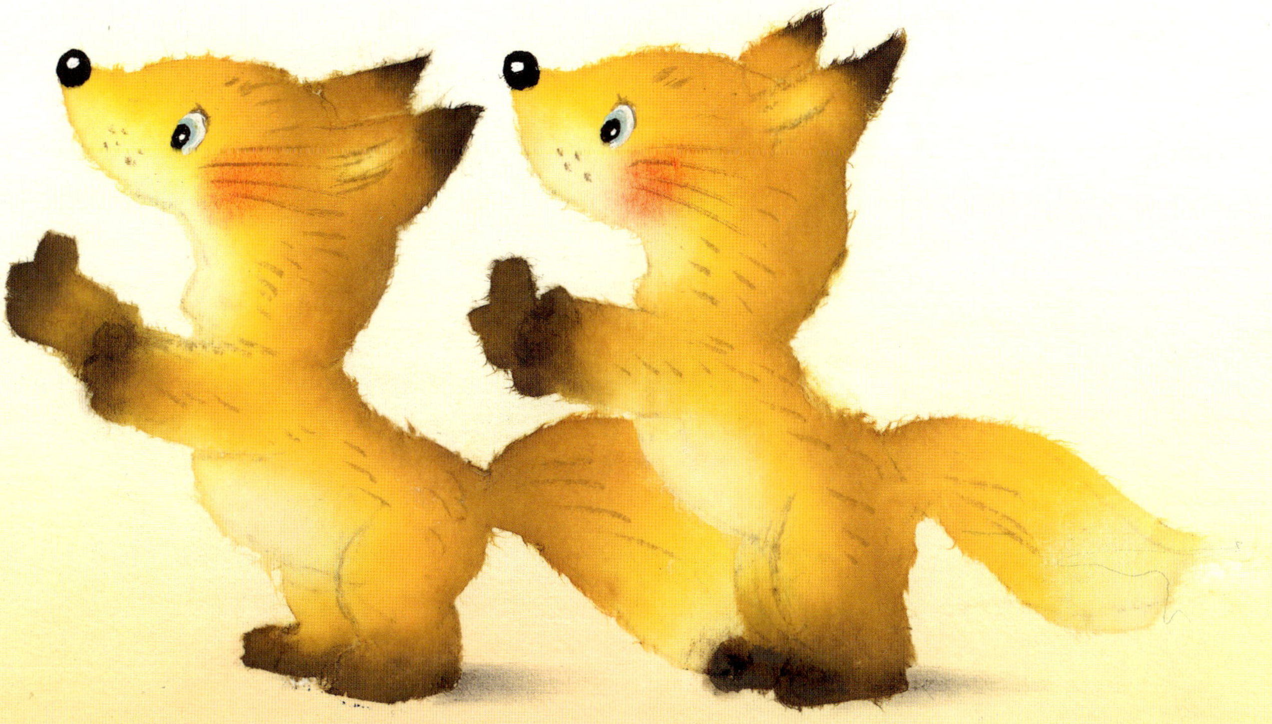

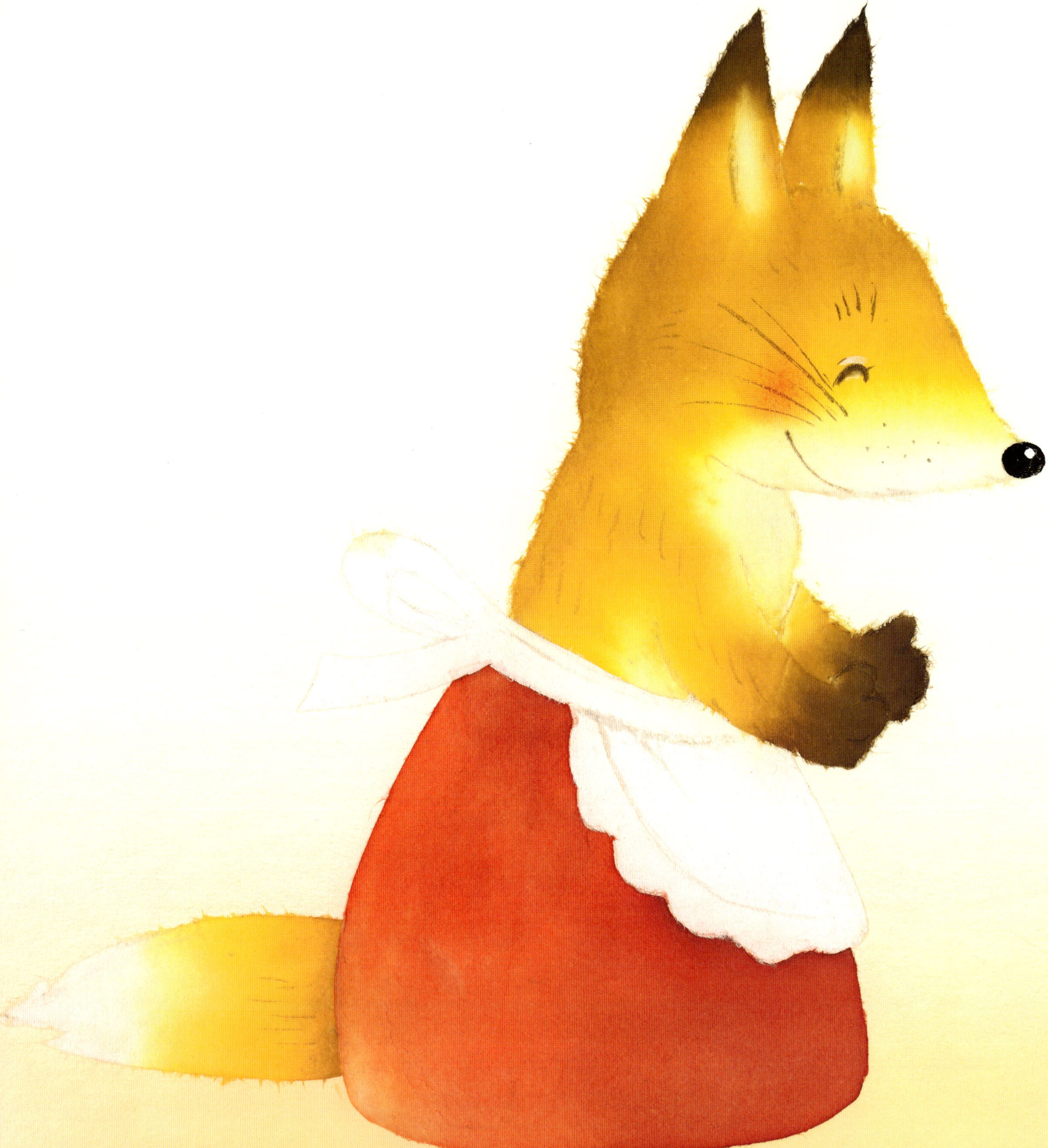

「そうねえ、
りっぱな　つのは　はえないし、いっぱい　おちちは　でないし、
もりで　いちばん　おおきくは　ならないし、
きのぼりが　できるようにも　ならないわね。
だって、おじいちゃんも　おばあちゃんも、
そのまた　おじいちゃんも　おばあちゃんも、
ずっと　ずっと　そうだったから」

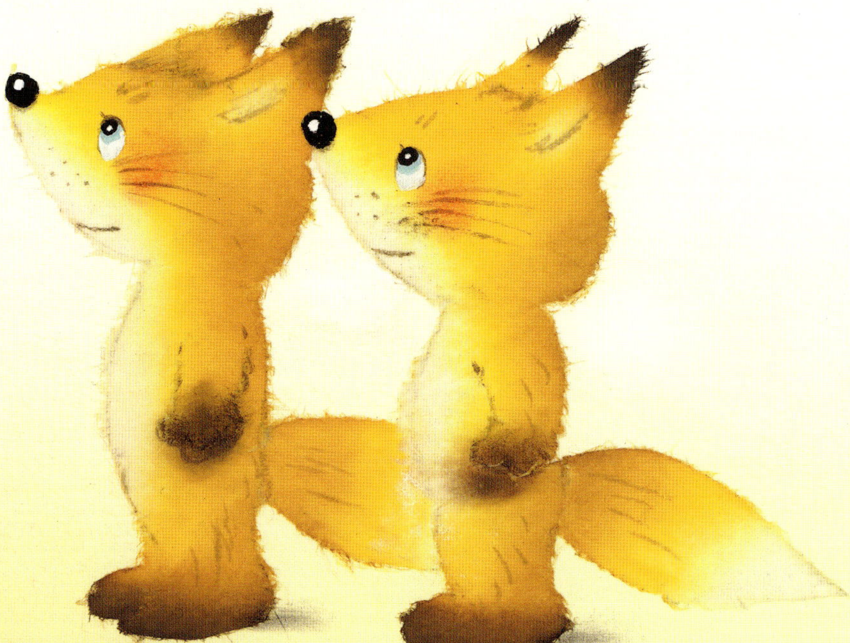

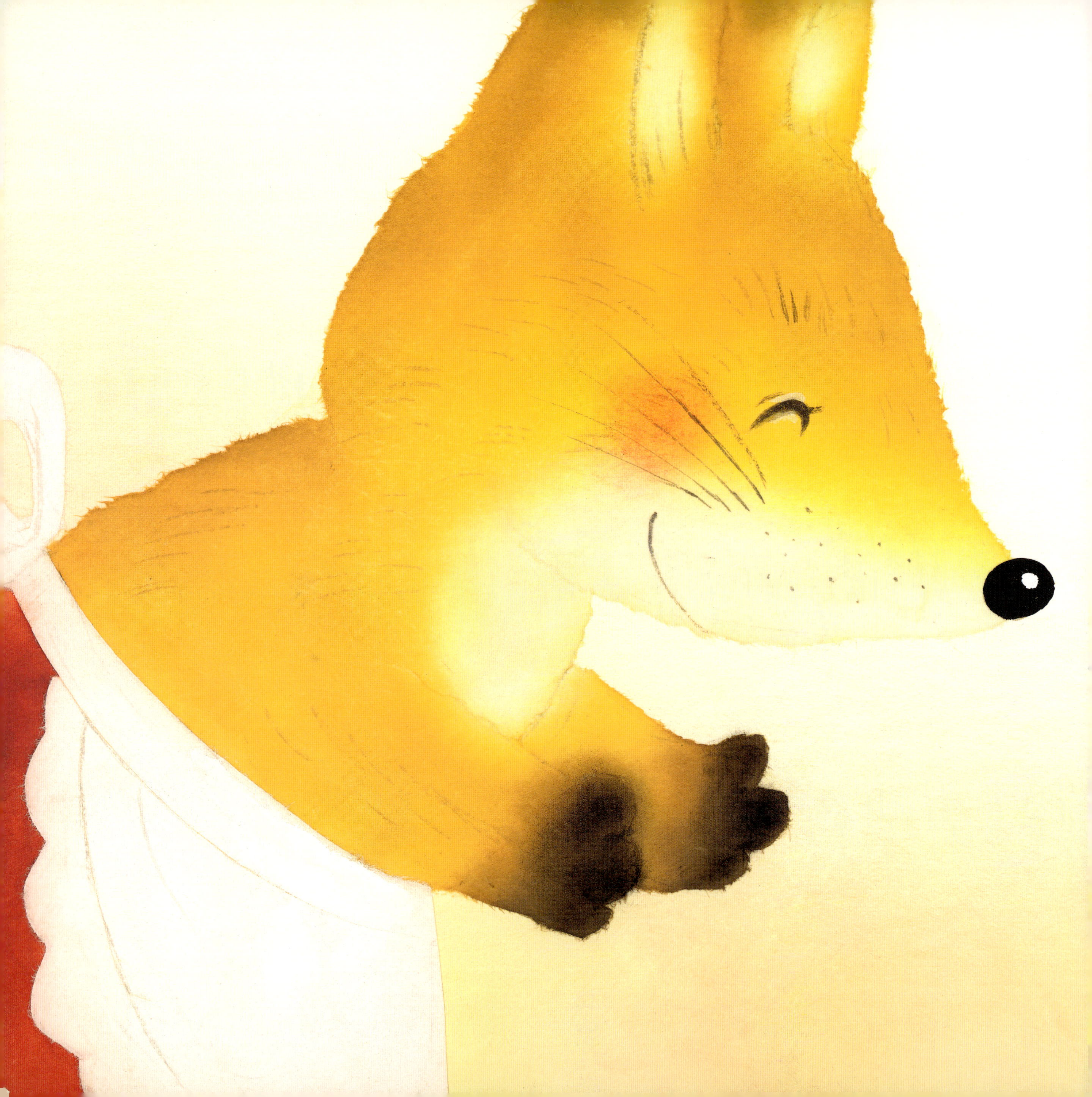

「でも、かあさんは　きつねで　よかったわ。
だって、きつねだったから　とうさんと　であえて、
こんな　かわいい　ぼうやが　うまれたんですもの」

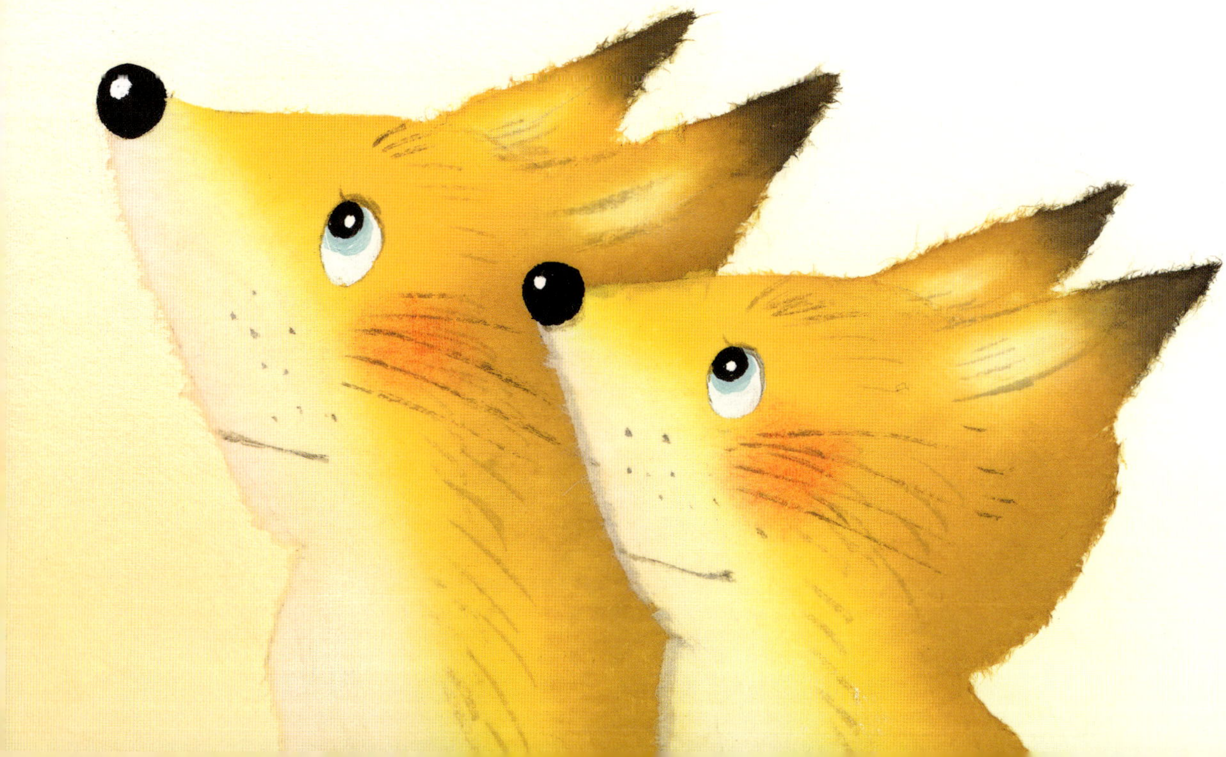

おかあさんは　そういって、
こぎつねの　ぼうやを
ぎゅっと　だきしめました。

「かあさんは　もりで、
　いいえ、
　せかいで　いちばん　しあわせよ！」

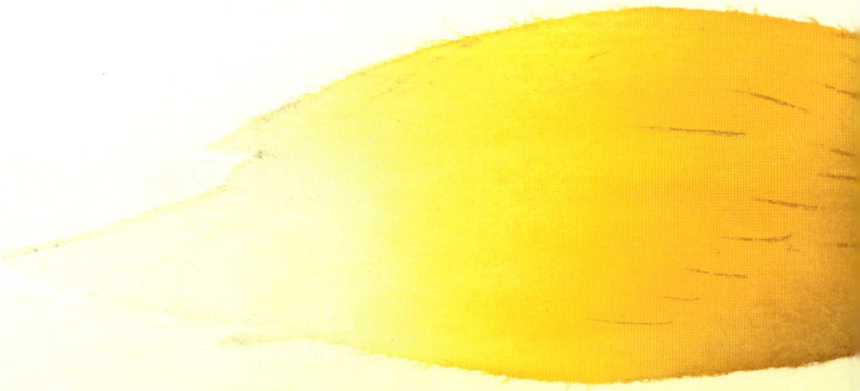

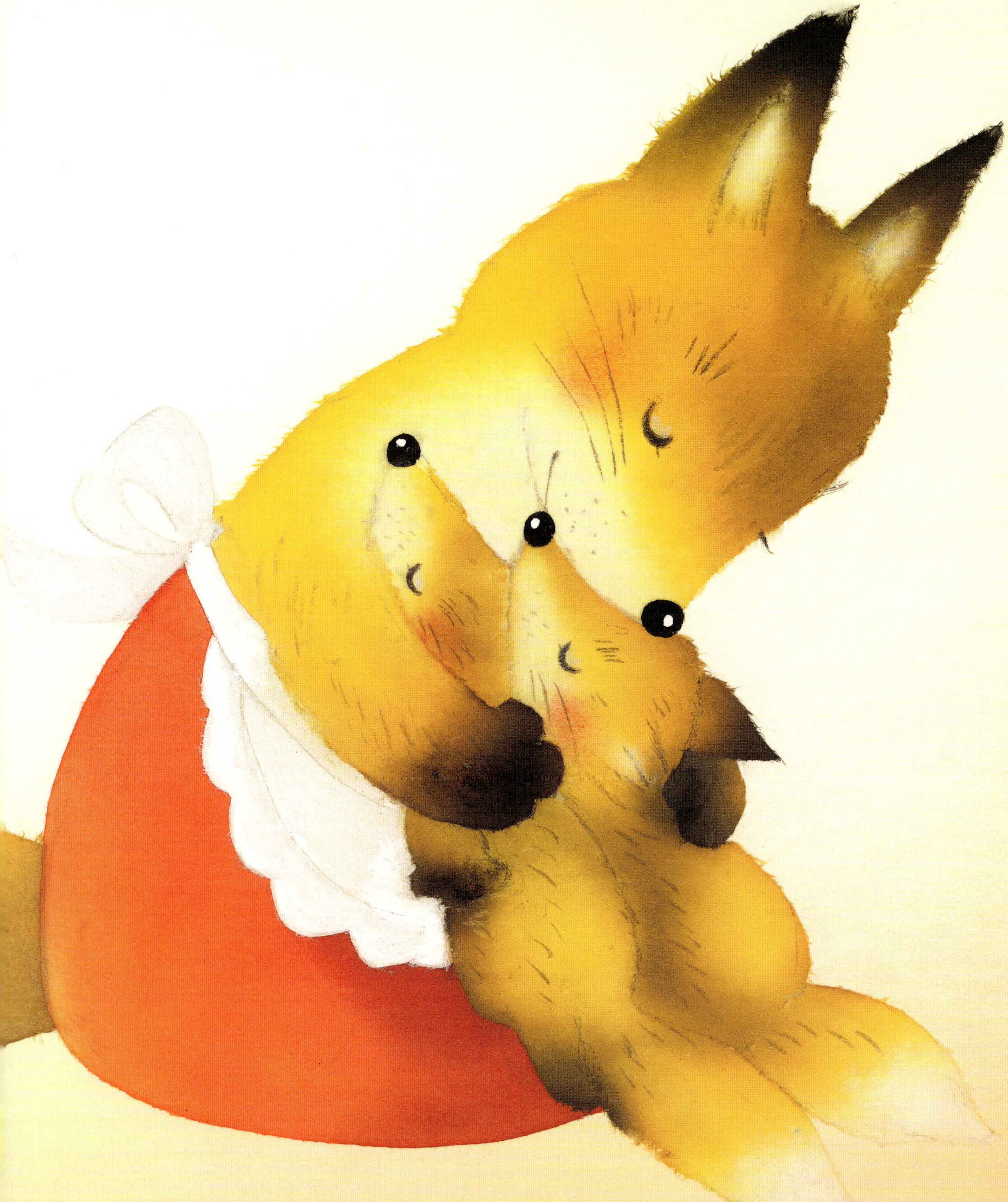

「とうさんも　おなじさ！」

おとうさんは　そういって、
こぎつねを　だいた　おかあさんを
ぎゅっと　だきしめました。

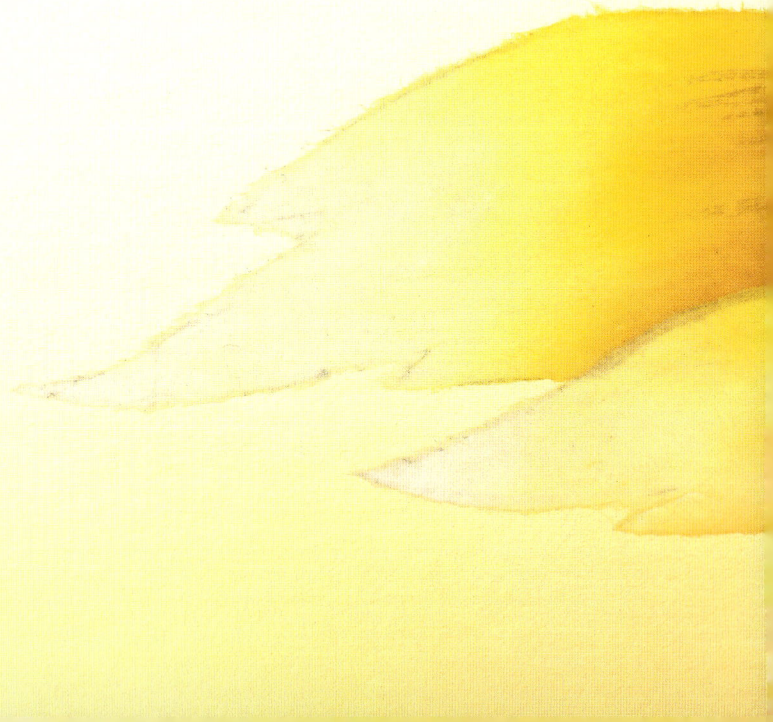

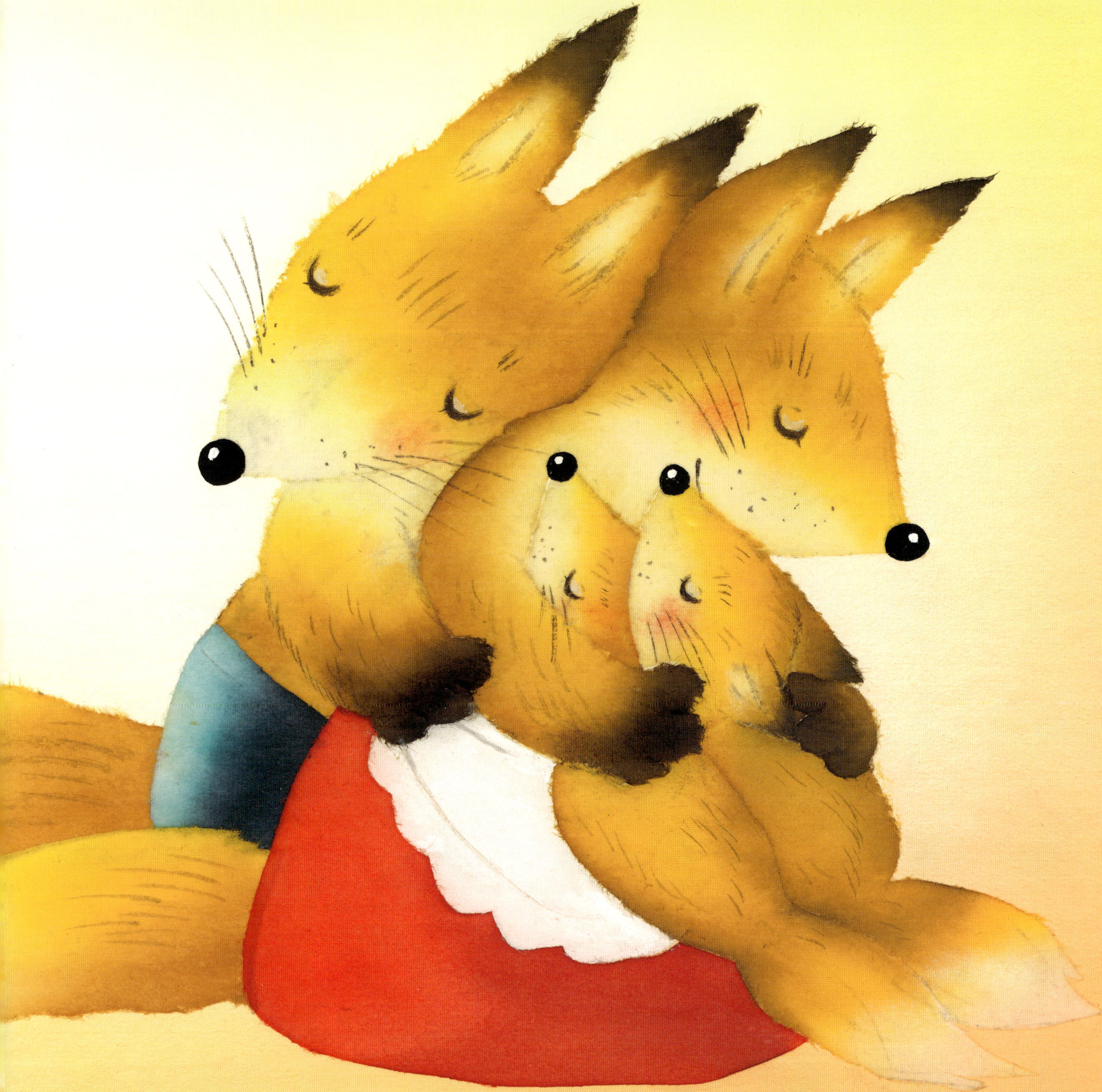

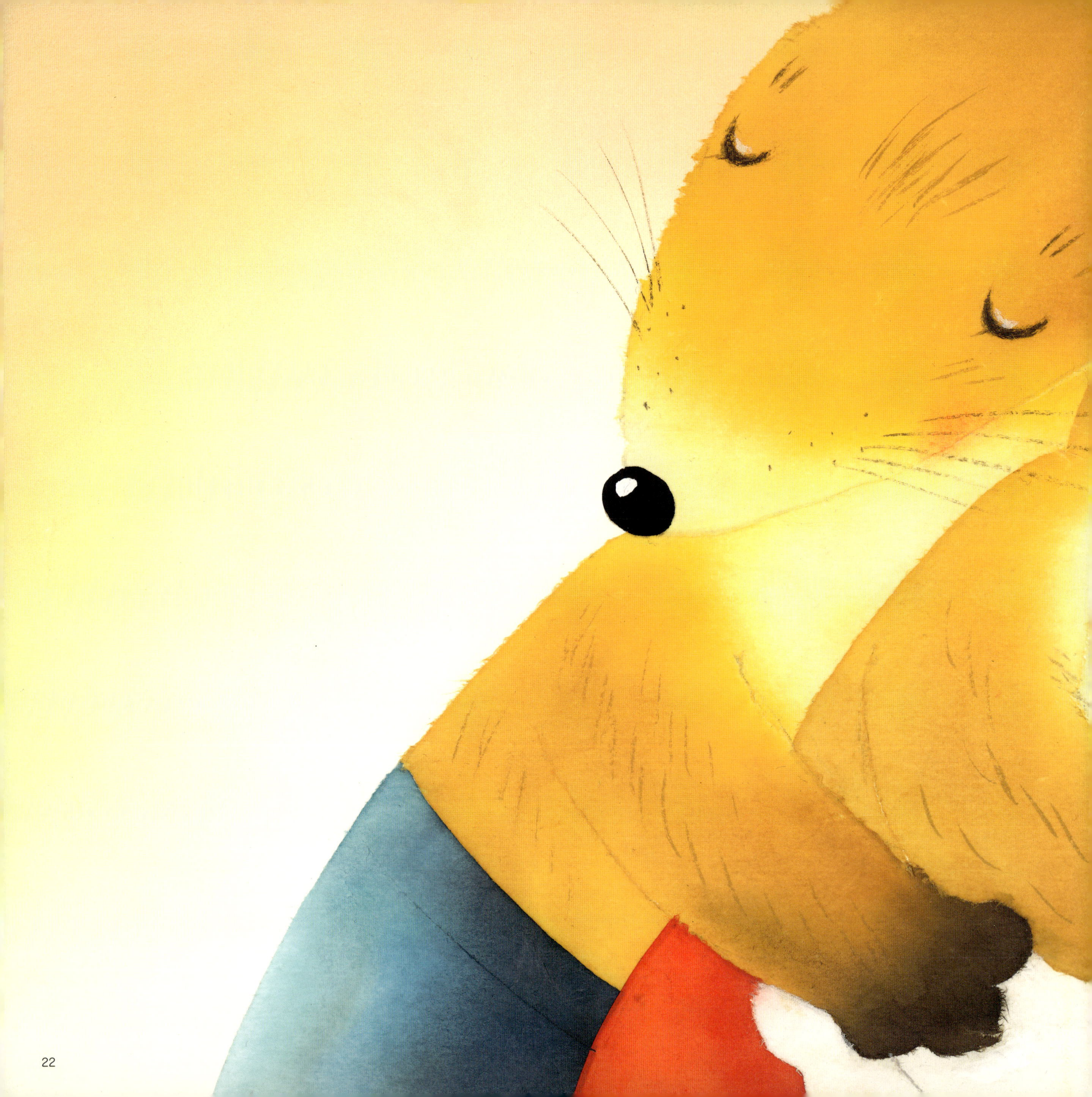

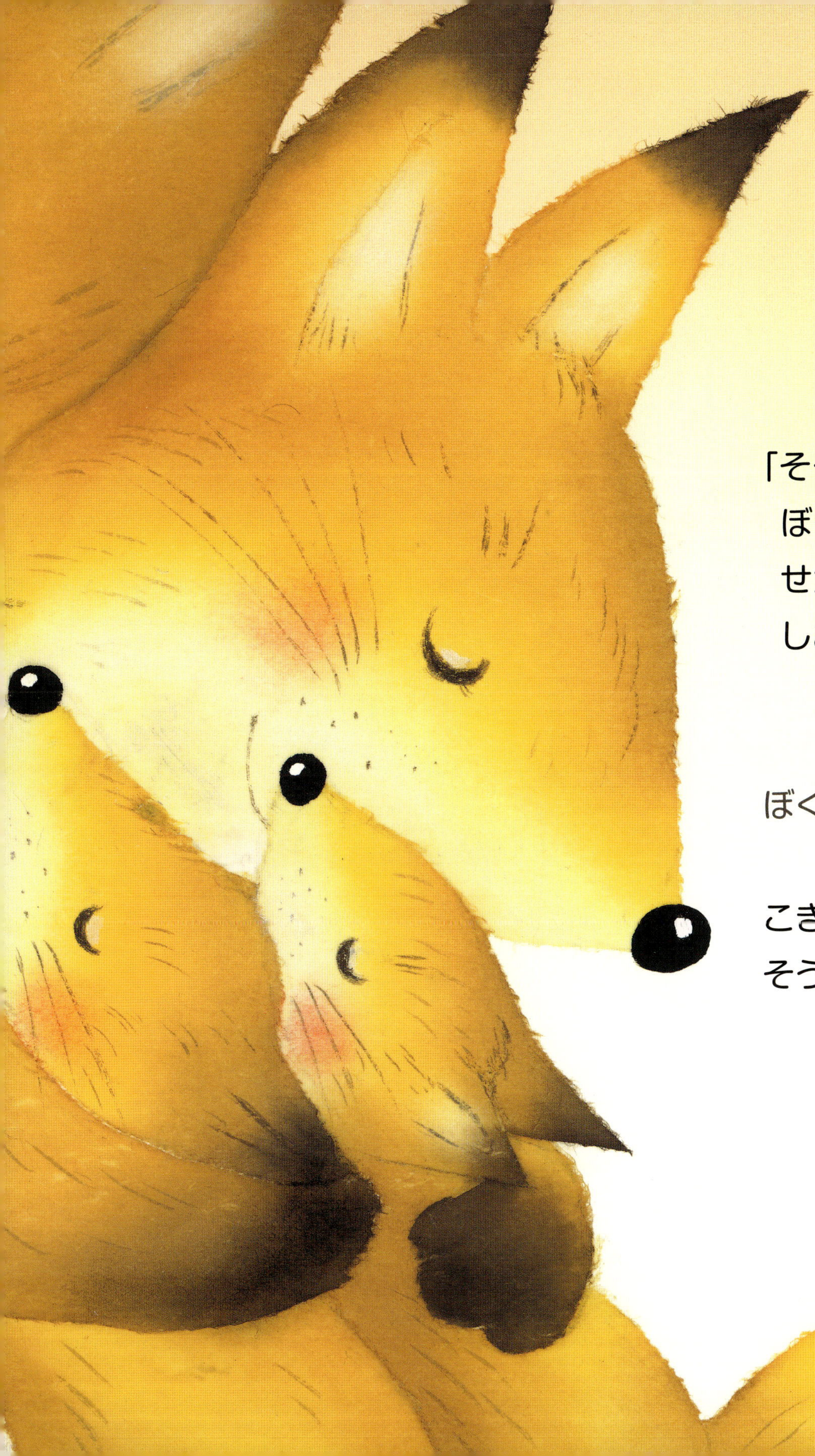

「そうか、わかった！
ぼくたちは　おおきくなったら、
せかいで　いちばん
しあわせになるんだ！」

ぼくたち、きつねで　よかった！

こぎつねたちは　こころから
そう　おもいました。

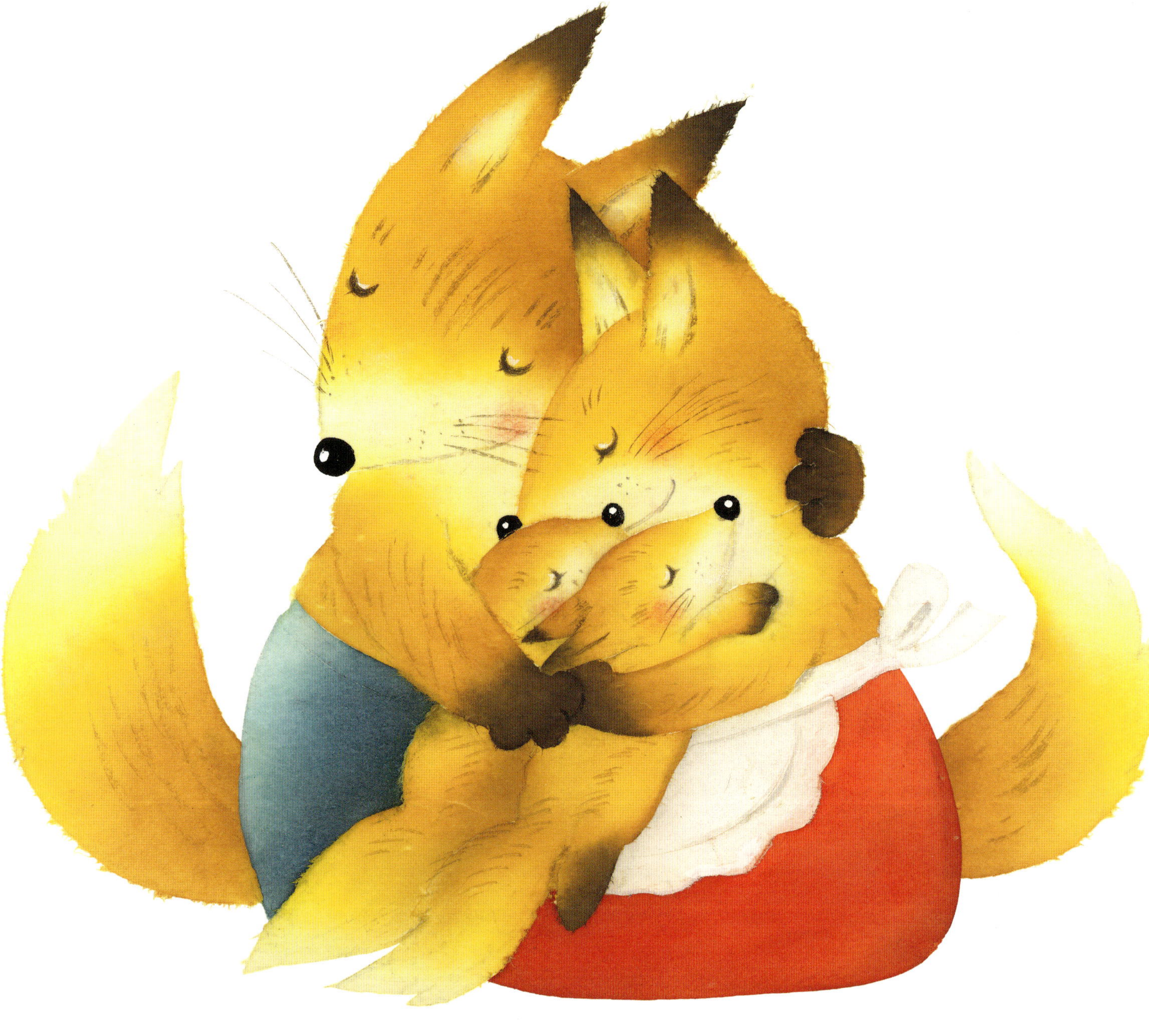

くすのき しげのり

徳島県鳴門市生まれ。鳴門教育大学大学院修了。「心豊かに生きる」をテーマに、児童文学の創作活動と広い視野に立つ「徳育」を中心とした教育活動を続けている。作品に『おこだでませんように』(小学館)、「もぐらのサンディ」シリーズ(岩崎書店)、『あたたかい木』(佼成出版社)など多数。
http://www.kusunokishigenori.jp/

いもと ようこ

兵庫県生まれ。金沢美術工芸大学油絵科卒業。『ねこのえほん』(講談社)、『そばのはなさいたひ』(佼成出版社)でボローニャ国際児童図書展エルバ賞を2年連続受賞。『いもとようこ うたの絵本(1)』で同グラフィック賞受賞。『ぼくとかあさん』『みんなおやすみ…』(共に金の星社)、『ふたつの花』『花のかみかざり』(共に岩崎書店)、『ぼくはおにいちゃん』『おでんわ るるる』『ピアノをひくのはだれ?』『きつねいろのじてんしゃ』『まほうのあめだま』『ひとりじめ』(以上、佼成出版社)など著書多数。
http://www.imoto-yoko.co.jp/

いもとようこのおひさま絵本シリーズ
ぼくが　おおきくなったら

2010年10月10日　第1刷発行
2011年3月5日　第2刷発行

原　作　くすのき しげのり
文　絵　いもと ようこ
発行者　岡部守恭
発行所　株式会社 佼成出版社
〒166-8535　東京都杉並区和田2-7-1　電話(販売)03-5385-2323　(編集)03-5385-2324
http://www.kosei-kodomonohon.com/
装　丁　芝山雅彦(スパイス)
印刷所　株式会社 精興社
製本所　大村製本株式会社

ISBN978-4-333-02456-8　C8793　NDC913/24P/26cm